RAPPORT

FAIT AU NOM

DU COMITÉ DE LÉGISLATION,

Par Phil. Laur. PONS (de Verdun),

ET PROJET DE DÉCRET,

Par *feu* LEPELLETIER,

Sur la pétition de la citoyenne Jaillon, épouse du citoyen Roche, tendante à obtenir la nullité des deux arrêts des ci-devant parlement de Besançon & conseil privé.

IMPRIMÉS PAR ORDRE DE LA CONVENTION NATIONALE.

———

CITOYENS,

LA femme d'un simple ouvrier a osé, sous l'ancien régime, traduire en justice *des gens* dits *de qualité*, & leur redemander une succession dont ils l'avoient

A

dépouillée ; elle a osé soutenir, elle a voulu prouver qu'on avoit noblement commis des faux pour se faire des titres contre elle. Une entreprise si hardie ne devoit pas réussir ; aussi n'eut-elle de succès que devant de premiers juges *roturiers*. Le feu parlement de Besançon se hâta de réparer le scandale en sanctionnant la spoliation dont la citoyenne Roche étoit la victime. Elle se pourvut au ci-devant conseil privé contre un arrêt injuste ; on eut l'air d'y venir à son secours ; on lui indiqua spontanément la voie de la requête civile, on lui accorda même des lettres de relief de temps pour qu'elle pût la prendre : mais tout cela n'étoit qu'un leurre ; & parlement & conseil s'accordèrent ensuite à proscrire impitoyablement toutes ses demandes.

Ainsi, dans les anciens tribunaux supérieurs, on filoit quelquefois avec art une grande injustice, au lieu de la brusquer ; on laissoit à l'opprimé l'illusion de quelques avantages intermédiaires sur son oppresseur, & l'on ne retardoit sa ruine que pour la rendre plus complète.

La citoyenne Roche Jaillon vous a demandé la nullité des jugemens qui ont consommé la sienne ; vous avez accueilli sa pétition.

Notre illustre collègue LEPELLETIER avoit été chargé avant moi, par votre Comité de Législation, de vous en rendre compte ; il étoit sur le point de monter à la tribune, lorsque le fer d'un lâche assassin a tranché ses jours. Je sens tout l'intérêt que ce rapport auroit gagné dans sa bouche ; mais le projet de décret qu'il avoit adopté existe, il s'est trouvé joint à la pétition ; les *considérant* qui le précèdent m'ont tracé la marche que j'avois à suivre. Je ne ferai donc, en quelque sorte, que l'organe du premier martyr de la liberté, dont la glorieuse déftinée devoit être encore de défendre les opprimés après sa mort.

Les faits dont je vais vous entretenir sont d'une date fort ancienne, & noyés, suivant l'usage, dans de volumineuses écritures; je tâcherai de vous les retracer d'une manière serrée & rapide.

En 1703, Faulche de Jaillon, dont la citoyenne Roche réclame la succession, disparoît du lieu de son domicile.

Après une absence de dix ans, pendant laquelle on n'en avoit eu aucune nouvelle, un nommé Manceau, qui n'étoit ni son parent, ni son allié, se met en tête de devenir son héritier.

Valet-de-chambre d'un de nos derniers tyrans, Manceau fait part à son maître de sa fantaisie; elle étoit trop bizarre pour n'être pas goûtée; il obtint un brevet de don qui fut *duement* enregistré à la chambre des domaines en 1715.

Combien de fortunes de l'ancien régime n'ont-elles pas ainsi commencé!

Malheureusement pour le donataire à titre vraiment singulier, Faulche de Jaillon avoit des héritières; trois de ses sœurs étoient religieuses dans le monastère des carmélites d'Arbois.

De saintes loix permettoient alors à l'église d'accaparer les biens de ce monde avant ceux de l'autre. On sait avec quelle activité l'église usoit de la permission.

Les carmélites d'Arbois connoissoient à fond l'art. 1338 des ordonnances de la province, qui donnoit aux couvens le droit de succéder à la propriété des meubles & à l'usufruit des immeubles d'un défunt mondain, à la place des religieux & religieuses qui dans le siècle eussent été ses héritiers; elles plaidèrent le valet-de-chambre Manceau au ci-devant par-

4

lement de Paris ; la guimpe l'emporta fur le fceptre ;
malgré le brevet de don & la fenrence d'enregiftre-
ment, les biens de Faulche de Jaillon furent accor-
dés aux carmélites, par arrêt de 1721. Elles en
jouirent pieufement & fans trouble pendant l'efpace
de 20 années.

En 1741, un ci-devant comte, le fieur de Moyria, qui jufques - là s'étoit contenté de flairer la
fucceffion en filence, fe préfente tout-à-coup pour
l'appréhender comme plus proche parent de l'ab-
fent.

Sa réclamation contre les religieufes d'Arbois eft
portée aux requêtes du palais de Befançon.

Il fe garde bien d'appeler en caufe le père de
la citoyenne Roche, feul & véritable héritier.

Une fentence du 6 août 1744 conferve aux carmélites l'ufufruit des immeubles de la fucceffion li-
tigieufe , jufqu'au décès de la dernière des trois fœurs
Jaillon, & , après ce décès , adjuge la propriété de
ces mêmes immeubles au fieur de Moyria.

La fœur Jaillon meurt au bout de neuf mois, &
le fieur de Moyria devient poffeffeur. Se croyoit-il
intimement propriétaire ? Qu'on en juge par la conduite qu'il tint.

A peine eut-il recueilli les biens de Faulche Jaillon,
valant plus de 80,000 liv., qu'il les vendit pour
56,000 liv. à un ci-devant marquis de Berfallien ; &,
ce qu'il eft très-important de remarquer, il les lui
vendit *fans garantie ni conduite.*

Cependant la citoyenne Roche avoit recouvré des
papiers de famille qui prouvoient clairement fa parenté
avec Faulche Jaillon , & fes droits incontestables à fa
fucceffion. Elle forme au ci-devant bailliage d'Arbois,
le 23 juillet 1774, une demande en déguerpiffement

contre les acquéreurs du sieur de Moyria, qui, à leur tour, y font assigner leur vendeur.

Celui-ci se défend mal : la prescription trentenaire ne lui étoit pas acquise; il l'invoque avec force. La citoyenne Roche lui disoit : Voilà mes titres; où sont les vôtres ? Je vous somme de les produire. Il s'obstine à les garder pour une meilleure occasion.

Il soutient que l'arbre de famille de l'absent, Faulche Jaillon, se divise en deux branches : celle des Faulche, *noble*; celle des Jaillon, *roturière*; que la citoyenne Roche a le malheur d'être de celle-ci; qu'il a l'honneur d'appartenir à celle-là, & que la succession titrée lui est exclusivement dévolue. Il a beau dire; sa branche noble ne paroît qu'une branche gourmande qu'il faut élaguer.

Les juges d'Arbois ne peuvent balancer entre des allégations & des preuves. Par sentence du 24 novembre 1775, ils rendent à la citoyenne Roche ce que le sieur de Moyria n'avoit pas dû lui souffler.

Il appelle de leur jugement au ci-devant parlement de Besançon, & change de marche en changeant de terrein.

Rien n'étoit plus simple & plus facile que la preuve qu'on l'avoit plusieurs fois pressé de faire.

Il prétendoit tenir ses droits de *Claude de Moyria, son père*, qui étoit *fils de Jean-Pierre de Moyria & de Balthasarde Millet, tante maternelle de l'absent*, dont il eût été conséquemment *le cousin issu de germain*.

Pour établir cette courte filiation, il ne produit d'abord que le contrat de mariage de Claude de Moyria, son père, passé à Lyon en 1697, dans lequel celui-ci s'étoit dit en effet fils de Jean-Pierre de Moyria & de Balthasarde Millet, mais n'avoit justifié son dire qu'en présentant au notaire son extrait de baptême *non légalisé, qu'il avoit retiré à l'instant*,

6

sans le faire annexer. Cet extrait paroiſſoit lui avoir été délivré neuf ans auparavant par un curé d'*Auxonne*, &, ſans indiquer autrement le lieu où il étoit né, fixoit la date de ſa naiſſance au 26 avril 1672.

Le contrat de mariage de Claude de Moyria n'étoit rien ; l'extrait de baptême dont il faiſoit mention, étoit tout. Pour s'aſſurer de l'exiſtence de cette dernière pièce, la citoyenne Roche conſulte les regiſtres de la paroiſſe & du greffe d'Auxonne de l'année 1672. Quoiqu'ils fuſſent en bonne forme, ils n'offroient aucune trace de l'acte de baptême de Claude de Moyria. Elle étend ſes recherches à l'année poſtérieure, à celle ſuivante. Deux certificats, l'un du curé, l'autre du greffier d'Auxonne, atteſtent qu'elles ont été inutiles.

La citoyenne Roche s'inſcrit en faux contre l'énonciation portée au contrat de mariage de 1697.

Un premier arrêt reçoit ſon inſcription ; un ſecond en joint les moyens au fond.

Le ſieur de Moyria, que cet incident devoit un peu déconcerter, fait bonne contenance, & produit enfin l'extrait baptiſtaire même dont la mention au contrat de mariage paſſé à Lyon en 1697, venoit d'être arguée de faux.

Il étoit impoſſible de ne pas ſe demander pourquoi le ſieur de Moyria, qui avoit cet acte depuis ſi long-temps en ſa poſſeſſion, ne l'avoit pas ſur-le-champ produit, au lieu du contrat de mariage où il n'étoit que relaté ; impoſſible encore de ne pas croire que le ſieur de Moyria, très intéreſſé à ſouſtraire cet extrait de baptême aux regards de la citoyenne Roche, avoit eſpéré que celle-ci, prenant pour comptant le contrat de mariage de 1697, n'auroit pas même l'idée de devenir plus exigeante : il ſe trompoit.

Elle examine attentivement la pièce ; elle reconnoît

que, par une furcharge faite fans approbation, le mot *ondoyé* y avoit été fubftitué au mot *baptifé*. Pour expliquer cette énigme, elle recourt aux regiftres de la paroiffe d'Auxonne : l'énigme devient un *imbroglio*.

Et d'abord la furcharge de l'extrait étoit conftante.

Mais je dois vous parler avant tout de l'état de la minute.

On en avoit gratté & raturé deux lignes entières. Les ratures étoient d'autant plus marquantes, qu'elles avoient été faites après coup, avec une encre plus blanche que celle du corps de l'acte. Quant aux mots grattés, ils l'avoient été féparément & de manière qu'il étoit refté fur le papier une vingtaine de trous plus ou moins grands.

Voici maintenant les différences effentielles qui fe trouvoient entre la minute & l'extrait.

Dans l'extrait, Claude de Moyria avoit été *ondoyé*; dans la minute, il avoit été *baptifé*. Dans l'extrait, il avoit été ondoyé au château *de Châtillon* : dans la minute, il avoit été baptifé au château *de....*; une entaille faite au papier en avoit enlevé le nom du château. Dans l'extrait, il n'étoit point queftion des ratures de la minute ; dans la minute, ces ratures n'étoient approuvées, ni en marge, ni au bas de l'acte. Enfin, dans la minute & dans l'extrait, le nom du curé baptifeur étoit remplacé par des points.

Il reftoit encore à rapprocher le regiftre de la paroiffe de fon double. Le greffe d'Auxonne eft ouvert une feconde fois à la citoyenne Roche. Quelle eft fa furprife de n'y trouver, au lieu du regiftre double de 1677, qu'une copie bien ou mal collationnée de ce regiftre; d'apprendre & d'obtenir un certificat du greffier, qui conftate qu'il avoit été fouftrait & remplacé par cette copie, précifément en 1741, c'eft-à-dire, *à l'époque de l'action intentée par le sieur de Moyria contre les carmélites d'Arbois*, tandis que tous les autres registres des années antérieures & suivantes étoient dans la meilleure tenue possible!

Observez au reste, citoyens, que la copie substituée au registre original du greffe de l'année 1677, ne contenoit aucune mention des altérations & des ratures faites après coup sur le registre de la paroisse; observez aussi que, sur cette copie, on lisoit le mot *baptisé*, au lieu du mot *ondoyé* glissé dans l'extrait; observez enfin qu'il se taisoit, comme le registre de la paroisse, sur le nom du château où Claude de Moyria étoit dit avoir été baptisé, & sur celui du prêtre qui lui avoit administré le baptême.

De toutes ces circonstances réunies jaillissoit la preuve d'un triple faux.

Faux dans l'extrait produit; faux dans la minute du registre de la paroisse; faux dans la copie substituée au registre original du greffe d'Auxonne.

La citoyenne Roche ne balance pas à englober ces trois faux dans une nouvelle inscription.

Mais si le ci-devant parlement de Besançon avoit admis la première, celle contre le contrat de mariage de 1697, c'étoit uniquement parce qu'elle ne lui avoit pas paru décisive; &, ce qui le prouve, c'est qu'il ne reçut pas même la seconde, qui l'eût été infailliblement.

Comme, dans cette occasion, le ci-devant comte de Moyria eut à se louer des juges de Besançon!

C'est le 13 mars que la citoyenne Roche présente sa requête en faux; c'est le 14 qu'on la joint au fond; &, dans la crainte qu'un plus long délai n'amenât de nouvelles découvertes, c'est le 18 qu'un arrêt proscrit les moyens de sa première inscription de faux, comme impertinens & inadmissibles, lui fait payer l'amende, déclare qu'il n'échet d'admettre sa seconde inscription contre les trois actes qu'elle argue de faux, infirme la sentence des juges d'Arbois, la condamne en tous les dépens, & lui fait grace des dommages-intérêts, qu'elle eût été d'ailleurs hors d'état de payer.

Elle s'adresse au conseil contre cet arrêt. Le crédit de son adversaire l'y avoit suivie. On la déclare non-recevable dans sa demande en cassation : mais en même temps, comme je vous l'ai déja dit, on est tellement frappé de l'évidence de son bon droit & de l'injustice qu'elle venoit d'essuyer, que, par le même arrêt, on lui indique la voie de la requête civile ; qu'à cet effet, on ordonne que toutes lettres nécessaires lui seront accordées, pour la relever du laps de temps. Vous savez, citoyens, que ces sortes de lettres ne s'accordoient jamais, & sur-tout de propre mouvement, que les moyens de requête civile ne parussent nombreux & péremptoires.

La citoyenne Roche revient au parlement de Besançon, pour y suivre l'entérinement de ses lettres ; elle y produit une pièce nouvelle, dont vous sentirez toute l'importance, si je vous dis que c'étoit *le véritable extrait de baptême du père du sieur de Moyria*, donnant à celui-ci une toute autre mère que *Balthasarde Millet*, cette tante maternelle de l'absent, de laquelle le sieur de Moyria prétendoit tenir ses droits. N'importe : le parlement n'avoit pas fait un premier pas pour reculer. La citoyenne Roche est éconduite par arrêt du 16 décembre 1779.

Elle retourne au conseil, qui rejeta sa demande, sous prétexte que c'étoit la même, reproduite une seconde fois. C'étoit, en effet, pour la seconde fois qu'elle venoit se plaindre au conseil de la même injuftice ; il eût été indécent de l'écouter encore , de donner deux fois raifon à un individu obfcur , contre un ci-devant comte & un ci-devant parle-ment.

La citoyenne Roche avoit encore une reffource, ou plutôt une chance, dans le ci-devant confeil des dépêches ; elle étoit décidée à la courir, lorfque l'ancien ordre de chofes a fait place au nouveau. Ce grand évènement lui rendit l'efpérance. Elle étoit bien sûre d'obtenir, des repréfentans d'un peuple libre, chargés de réparer & de venger, en fon nom, toute efpèce de vexations, la juftice que les agens judiciaires d'un defpote lui avoient fi cruellement re-fufée.

Pour vous mettre à portée de la lui rendre, votre comité doit vous faire connoître les moyens qui fervent de bafe à fa réclamation.

Vous les verrez tous fortir de l'examen fuccinct de cette queftion :

La loi a-t-elle été violée par les jugemens qui ont rejeté les infcriptions en faux dirigées par la ci-toyenne Roche contre les titres du ci-devant comte de Moyria ?

Toutes les fois que, dans une conteftation quel-conque, la permiffion de s'infcrire en faux contre des pièces produites par une partie, eft demandée par l'autre, des juges ne peuvent la refufer. A la vérité, cette permiffion, indifpenfable fous un rapport, ne peut être envifagée fous un autre, que comme un préliminaire de forme, que comme la fimple faculté d'établir une demande qui, définitivement, peut être rejetée ; mais elle ne doit l'être qu'en con-noiffance de caufe ; mais, pour acquérir cette connoiſſance, il faut que la cauſe s'inſtruiſe, que la procédure preſcrite ait ſon cours, que les moyens reſpectifs ſoient examinés & appréciés.

Telle eſt la règle générale, écrite dans les art. I, VII & VIII de l'ordonnance de 1737; elle a été ouvertement mépriſée par les juges de Beſançon, quand ils ont joint au fond la ſeconde demande en faux, formée contre les titres de Joſeph de Moyria, ſans vouloir ni la connoître, ni la juger, ni l'admettre.

La malveillance ne manque jamais de prétextes; les juges de Beſançon ſe ſeroient-ils flattés d'avoir pu en ſaiſir un plauſible dans les art. II & XXIX de la loi citée? Il n'eſt pas même ſpécieux.

Le premier de ces articles, qui porte « que la » pourſuite de faux ſera reçue, s'il y échet », n'eſt pas applicable à l'affaire; il ne l'eſt qu'au cas où des pièces, prétendues fauſſes, déja vérifiées, & reconnues vraies par un jugement, ſeroient attaquées de nouveau. Celles du ſieur de Moyria l'étoient pour la première fois.

Quant à l'art. XXIX, en voici l'eſprit, conforme à ſa lettre.

Lorſqu'au plus léger examen, lorſqu'au premier coup-d'œil, un incident de faux eſt abſolument étranger au procès principal dans lequel il s'élève; lorſqu'il ne peut ſervir qu'à groſſir les frais du praticien qui l'imagine; lorſqu'il eſt clair que la pièce prétendue fauſſe, fût-elle prouvée l'être, n'influeroit en rien ſur la déciſion de l'objet litigieux; alors, ſans doute, des juges ont le droit d'arrêter la demande en inſcription de faux à l'inſtant même où on la leur préſente.

Mais qu'avoient de commun les demandes en faux

de la citoyenne Roche avec ces hors-d'œuvres & ces incidens chicaniers proscrits par une sage exception ? Loin d'être absolument étrangères au fond du procès principal, elles y étoient intimement liées. De quoi s'agissoit-il ? d'un combat de titres. Ceux du sieur de Moyria étoient-ils vrais, la citoyenne Roche n'avoit rien à prétendre ; s'ils étoient faux, elle devoit recouvrer les biens qu'elle réclamoit. Lui interdire la voie légale de l'inscription de faux contre une pièce décisive dans l'affaire, c'étoit la priver du seul moyen possible d'en démontrer la fausseté ; c'étoit lui prendre une succession considérable que le sang lui assuroit, pour la donner à son riche adversaire qui n'y avoit aucun droit.

Rappelez-vous, citoyens, les principales circonstances de l'affaire ; rappelez-vous les actes attaqués, & vous serez pleinement convaincus qu'il étoit impossible de douter, au premier coup d'œil, de l'existence du faux le mieux caractérisé, & par le fait & par l'intention.

Différence des minutes entr'elles ; différence entre les minutes & leurs extraits ; surcharge, ratures, suppressions de noms & de lieux, soustraction de registres, voilà quant au matériel du faux ; voici quant à l'intention.

Elle éclatoit dans toute la conduite du sieur de Moyria, dans la nature & l'objet des altérations commises sur ses titres ; il étoit évident que pour s'emparer d'une succession qui ne lui appartenoit point, il vouloit se donner une descendance qui n'étoit pas la sienne ; *se faire passer pour le petit-fils d'un Jean-Pierre de Moyria & d'une Balthasarde Millet, dont Claude Moyria, son père, n'étoit pas le fils.*

Pour parvenir à ce but criminel, le moyen le plus efficace étoit fans contredit de jetter un voile épais fur la naiffance de fon père, d'en cacher avec foin l'époque, *le lieu* & fur-tout *l'acte*; car on fent que ces projets, étayés d'un faux extrait de baptême, fe fuffent évanouis devant le véritable.

Voyez-le donc, quand on le preffe de montrer fes titres, au lieu de produire l'extrait baptiftaire de fon père, qu'il avoit en main depuis 1730, jetter en avant, pour fonder le terrein, un contrat de mariage, ou plutôt une énonciation vague & menfongère, qui n'étoit bonne qu'à détourner l'attention du véritable point à éclaircir, de la feule recherche à faire; fa caufe étoit gagnée, fi la citoyenne Roche avoit eu la bonté de s'en rapporter au contrat de 1697; elle attaque cette pièce; & ce n'eft que lorfque le fieur de Moyria, trompé dans fon efpérance, dupe de fon effai, fe voit pouffé à bout par une infcription de faux, qu'il fe décide enfin à tirer de fes archives un extrait de baptême qu'il eût bien voulu y laiffer enterré pour toujours.

Cet extrait curieux étoit ainfi conçu.

« Aujourd'hui 9 mars 1677, ont été fuppléées
» les cérémonies de l'églife, en cette églife d'Au-
» xonne, à Claude de Moiria, fils de M. Jean-Pierre
» de Moiria (fuivent les qualités féodales fuppri-
» mées) & de dame Balthafarde Millet, fes père &
» mère; lequel Claude eft venu au monde le 26
» avril 1672, & a été *ondoyé* au chateau de Châ-
» tillon; le fieur (le nom en blanc) curé dudit lieu,
» & a eu pour parrain, &c. »

Que Claude Moyria eût été *ondoyé*, en 1672, au château de Châtillon, & *baptifé*, en 1677, dans l'églife d'Auxonne , cela fe concevoit. Mais que, baptifé une première fois à Châtillon , il l'eût été une feconde à Auxonne , cinq ans après ; qu'il ait reçu deux baptêmes pour un , cela ne fe concevoit pas.

C'étoit pour trancher ce nœud qu'avoit été grof-fièrement fabriquée , dans l'extrait , la furcharge dont je vous ai parlé , la fubftitution du mot *ondoyé* au mot *baptifé*; elle ne tranchoit rien , puifque les re-giftres de la paroiffe & du greffe d'Auxonne dé-mentoient *l'ondoiement* & accréditoient la fingularité du double baptême.

Le fieur de Moyria n'en fuit pas moins fon plan ; il rapporte un certificat du curé de Châtillon , qui attefte que l'acte d'*ondoiement* de M. fon père ne fe trouve pas dans les regiftres de la paroiffe de Châtillon , de l'année 1672. Ainfi loin de détruire , loin d'affoiblir la preuve de la furcharge reprochée à l'extrait de baptême , il la renforçoit. Non , fans doute , l'acte d'un *ondoiement imaginaire* n'avoit pas été infcrit dans les regiftres de Châtillon : mais l'acte du baptême travefti en *ondoiement* , & fur lequel les deux regiftres d'Auxonne s'accordoient , cet acte de baptême devoit s'y trouver. C'étoit aux regiftres de Châtillon que la citoyenne Roche devoit appliquer fes recherches , c'étoit de ces mêmes regiftres que le fieur de Moyria devoit détourner l'attention de la citoyenne Roche. Auffi dans le contrat de 1697, première pièce produite , étoit-il queftion , non du curé , non de la paroiffe de Châtillon , mais feule-ment du curé d'Auxonne. Auffi , dans les regiftres de la paroiffe d'Auxonne , le nom du château de Châtillon avoit - il été retranché de l'acte par une coupure. On confulte les regiftres du greffe : ils étoient tous dans le meilleur état , excepté celui dont on avoit befoin, celui de 1677. Il avoit été enlevé & remplacé par une mauvaife copie (précifément en 1741, c'eft-à-dire, à l'époque de la première action formée par le fieur de Moyria contre les religieufes d'Arbois, pour s'approprier la fucceffion de Faulche Jaillon, époque qui indiquoit clairement l'origine & le motif de tous les faux), & dans cette copie, même abfence du nom de Châtillon.

Si trop de précautions décèlent la fraude, des faux multipliés lui donnent un corps; elle devient palpable. Malgré tous les efforts du fieur de Moyria pour rendre inexplicables les différences de l'extrait & des minutes de l'acte de baptême de fon père, ce fait, que le nom du château de Châtillon avoit été retranché de toutes les minutes, fut pour elle un trait de lumière.

C'eft au château de Châtillon, s'eft-elle dit, que Claude Moyria a été baptifé: deux minutes, en dépit de plufieurs altérations, l'atteftent; c'eft dans les regiftres de la paroiffe de Châtillon, c'eft là, ce n'eft que là que doit fe retrouver fon véritable baptiftaire. Je ne m'occupe plus de la fable de l'*ondoiement* mife à la place d'un baptême réel par une furcharge; l'acte de ce baptême doit exifter à Châtillon pour confondre mon adverfaire, pour mettre en évidence les faux qu'il a commis; cet acte exifte, je le trouverai, il expliquera tout.

Le parti auquel s'arrêtoit la citoyenne Roche, & dont elle avoit été fi long-temps diftraite par les *rabi* forains, mais adroits, du fieur de Moyria, produifit tout l'effet qu'elle s'en étoit promis.

Elle fait feuilleter le regiftre paroiffial de *Châtillon*, annexe de St.-Jérôme en Bugey; le curé de l'endroit y découvre enfin & lui délivre la pièce tant defirée d'une part, & tant cachée de l'autre, *le véritable acte de baptême de Claude de Moyria*.

Cet acte lui donnoit pour père & mère, non comme on l'avoit prétendu, *Jean - Pierre de Moyria* & BALTHASARDE MILLET, mais bien Claude de Moyria & DAMIA JEANNE LAVANDIN; & ce Claude de Moyria, quoiqu'il fût dit marié, n'a pas signé sur le regiſtre en qualité de père.

Ainſi tomboient la fauſſe généalogie du ſieur de Moyria, ſa filiation menteuſe, ſon prétendu couſinage avec l'abſent par Balthaſarde Millet, & ſes droits à la ſucceſſion réclamée par la citoyenne Roche. Plus d'énigmes, plus d'imbroglio, l'intrigue ſe dénouoit, le faux & ſes acceſſoires s'expliquoient au mieux.

Il étoit vraiſemblable, ou plutôt conſtant, que Claude de Moyria, père du ci-devant comte, avec qui plaidoit la citoyenne Roche, fils de *Jeanne La-vandin*, & non de Balthaſarde Millet, avoit été dé-placé de Châtillon, ſon pays natal, & tranſporté à quarante lieues de-là, à Auxonne; que, graces à un curé crédule ou complaiſant, on lui avoit ſuppléé les cérémonies de l'égliſe en 1677, quoiqu'il eût été déja baptiſé à Châtillon en 1672; qu'on lui donna pour mère dans le ſecond acte de baptéme, démenti par le premier, *Balthaſarde Millet*, épouſe légitime de ſon père, tandis que ſa vraie mère étoit *Jeanne Lavandin*. Tout cela s'eſt fait, peut - être, par le conſentement de ſon père naturel, mais à coup ſûr à l'inſu de Balthaſarde Millet, ſa mère ſuppoſée, dont la ſignature ne ſe trouve pas plus au bas de l'acte de baptéme ſur le regiſtre d'Auxonne, que celle de ſon mari ſur le regiſtre de Châtillon. Il étoit vrai-ſemblable que Claude de Moyria, muni de ſon faux extrait de baptéme d'Auxonne, alla ſe marier à Lyon en 1697, & fit inſérer dans ſon contrat de mariage tout ce qu'il voulut, d'autant plus aiſément qu'aucun de ſes parens n'étoit là pour le contredire.

La découverte du véritable extrait de baptême de Claude de Moyria étoit donc, comme on l'a dit, le trait de lumière de l'affaire.

Concevez-vous, citoyens, qu'à la vue d'une pareille pièce, le ci-devant Parlement de Befançon ait eu l'impudeur de rejetter une feconde fois les infcriptions de faux de la citoyenne Roche, & le ci-devant confeil la lâcheté de ne pas caffer un pareil jugement, lorfque lui - même avoit témoigné, en indiquant à cette citoyenne la voie de la requête civile, en la relevant du laps de temps, le defir de réparer l'injuftice qu'elle avoit effuyée?

Votre comité n'a pu voir dans cette affaire qu'un exemple frappant des anciennes vexations judiciaires, qu'une preuve de l'impoffibilité où étoit le pauvre fans-culotte de faire valoir fes droits contre l'homme riche, furnommé *comme il faut*, quoiqu'il fût tout le contraire de ce qu'il falloit. Il n'a pu y voir que la prévarication la plus criante, le déni de juftice le plus formel. Il a fenti qu'il étoit impoffible de confidérer les arrêts du ci-devant parlement de Befançon comme un fimple mal-jugé, & parce que les formes, qui fe confondoient ici avec le fond, ont été décidément violées, & parce qu'avec le mot mal-jugé, fi on lui donnoit une pareille fignification, on pourroit excufer le jugement le plus inique & le plus extravagant, prétendre qu'il étoit permis à des juges de froiffer toutes les lois & tous les principes, d'abjurer les premières notions de juftice, de juger même contre le témoignage de leur fens. Ces idées affreufes ont dû s'effacer avec le préjugé qui, d'une faculté prudentielle & difcrétionnaire, fit long-temps le plus arbitraire & le plus redoutable de tous les pouvoirs. La juftice révolutionnaire, exercée au nom d'un grand

peuple, n'admet point ces diftinctions fubtiles, dan-
gereufes, même en temps & en légiflation ordinaires ;
elle ne connoît d'autres bornes que la réparation de
tous les grands fcandales, de tous les torts éclatans,
de toutes les monftrueufes injuftices qui lui font dé-
noncées. Une révolution comme la nôtre eft un
jubilé univerfel politique pour tous les opprimés.

La citoyenne Roche eft de ce nombre. Avancée en
âge, réduite à un état de misère profonde, elle eft
mère de quatre enfans qui verfent leur fang aux fron-
tières pour la liberté & l'égalité, il eft jufte qu'elle en
recueille les fruits.

Votre comité me charge, en conféquence, de
vous propofer le décret fuivant, que *Lepelletier* lui
avoit fait adopter.

PROJET DE DÉCRET

La Convention nationale, après avoir entendu le rapport de son comité de législation, sur la pétition d'Ursule Jaillon, femme Roche;

Considérant que le ci-devant parlement de Besançon n'a pas pu, par ses arrêts des 14 & 18 mars 1777, priver la pétitionnaire de la voie légale de l'inscription de faux, au mépris des articles 1, 2, 7 & 8 du titre du faux incident de l'ordonnance de 1737, & de l'article 7 du titre 9 de l'ordonnance de 1670, sur-tout lorsqu'elle étoit dirigée contre des pièces d'où dépendoit uniquement la décision du procès;

Considérant que ce refus est d'autant plus repréhensible, qu'il paroît certain que la pétitionnaire auroit administré des preuves incontestables de la fausseté des pièces que lui opposoit Joseph de Moyria;

Considérant que, par son arrêt du 27 juillet 1778, le ci-devant conseil-privé n'a rejetté la demande en cassation des arrêts des 14 & 18 mars 1777, que parce qu'il a décidé qu'Ursule Jaillon devoit se pourvoir par requête civile; & qu'il l'a jugée tellement fondée à prendre cette voie, qu'il lui a accordé, le 11 février 1779, des lettres de relief de laps de temps, ce qui n'avoit lieu que lorsque les moyens de requête civile étoient évidens; que le ci-devant parlement de Besançon, au lieu de réparer ses injustices, a persisté dans sa désobéissance à la loi, en refusant d'entériner des lettres de requête civile; qu'alors le ci-devant conseil devoit au moins casser l'arrêt du 16 décembre 1779; mais que, par son arrêt du 11 mai 1781, il a débouté de sa demande en cassation la pétitionnaire, lorsqu'il lui avoit lui-même indiqué la voie de la requête civile, enforte qu'il femble s'être joué de fa bonne foi & de fes malheurs ;

Confidérant, enfin, que la conduite de ces deux anciens tribunaux préfente, non-feulement l'oubli des devoirs du magiftrat & le mépris des lois, mais encore l'abus de pouvoir & le déni de juftice le plus caractérifés, objets conftamment foumis à la répreffion & à la vigilance des légiflateurs ; que leurs décifions portent une atteinte fcandaleufe aux bonnes mœurs & à l'ordre public :

Décrète ce qui fuit :

ARTICLE PREMIER.

Les arrêts du ci-devant parlement de Befançon, des 14 & 18 mars 1777, & 16 décembre 1779 ; ceux du ci-devant confeil-privé, des 27 juillet 1778 & 11 mai 1781, font déclarés nuls & comme non avenus.

I I.

Urfule Jaillon eft renvoyée, tant pour la pourfuite de fes droits, que pour la prife à partie, s'il y échet, pardevant les juges qui en doivent connoître, conformément aux loix fur l'organifation judiciaire.

DE L'IMPRIMERIE NATIONALE.

www.ingramcontent.com/pod-product-compliance
Ingram Content Group UK Ltd.
Pitfield, Milton Keynes, MK11 3LW, UK
UKHW022253070726
13613UKWH00005B/2271